Bibliografische Information der Deutschen Nationalbibliothek:

Die Deutsche Bibliothek verzeichnet diese Publikation in der Deutschen Nationalbibliografie; detaillierte bibliografische Daten sind im Internet über http://dnb.d-nb.de/ abrufbar.

Impressum:

Druck und Bindung: Books on Demand GmbH, Norderstedt Germany
ISBN: 9783668473805

Dieses Buch bei GRIN:

http://www.grin.com/de/e-book/369022/virtualisierung-einer-entwicklungsumgebung-fuer-den-dienst-fileservice

Eugen Grinschuk

Virtualisierung einer Entwicklungsumgebung für den Dienst Fileservice

Entwicklungsumgebung aufbauen, konfigurieren und multiplizieren mit Hyper-V

GRIN Verlag

Projektbericht

Thema:

Virtualisierung einer Entwicklungsumgebung für den Dienst Fileservice

Eugen Grinschuk

Inhaltsverzeichnis

Abbildungsverzeichnis

Abkürzungsverzeichnis

ABE	Access based enumeration
AD	Active Directory
BIOS	Basic Input Output System
CIFS	Common Internet File System
CPU	Central Processor Unit
DC	Domänencontroller
DFS	Distributed File System
DFS-N	Distributed File System - Namespace
DFS-R	Distributed File System - Replication
DNS	Domain Name System
GB	Gigabyte
GHz	Gigahertz
GmbH	Gesellschaft mit beschränkter Haftung
IT	Informationstechnologie
LAN	Local Area Network
LDAP	Lightweight Directory Access Protocol
NAS	Network Attached Storage
RAID	Redundant Array of Independent Disks
RDP	Remote Desktop Protocol
SAN	Storage Area Network
SAS	Serial Attached SCSI
SCSI	Small Computer System Interface
SLA	Service Level Agreement
SMB	Server Message Block
VLAN	Virtual Local Area Network
VPN	Virtual Private Network
WAN	Wide Area Network
WINS	Windows Internet Naming Service
WSUS	Windows Server Update Services

1 Einleitung

Die Mustermann International GmbH ist ein international führendes Unternehmen in verschiedenen Bereichen der Informations- und Kommunikationstechnologie. Die Zielgruppe der Mustermann International GmbH sind multinationale Konzerne. Die Großkundensparte bietet diesen großen Unternehmen integrierte Lösungen, welche Wirtschaft und Gesellschaft in Zukunft vernetzen sollen. Über 52.000 Mitarbeiter, verteilt um den gesamten Globus, sichern dabei die Kompetenz der Firma. Das Portfolio der Mustermann International GmbH reicht dabei von mobilen Lösungen wie z. B. Smartphones, Tablets, Notebooks oder anderen mobilen Geräten, über virtuelle private Netzwerke (VPN)[1] und Bereitstellung der Infrastruktur im Rechenzentrum bis hin zu Sicherheitslösungen und modernen Cloud-Lösungen[2]. Die Mustermann International GmbH bedient dabei Kunden aus dem öffentlichen Bereich, Gesundheitswesen, Automotive, Transport sowie aus dem Banken- und Versicherungsumfeld.

Der Bereich Product Design & Orchestration Services / Mobility & Infrastructure Services, speziell Fileservice Engineering, beschäftigt sich mit der Entwicklung von verschiedenen Kundenlösungen für den Dienst Fileservice. Der Dienst Fileservice stellt den Benutzern auf Basis des CIFS-Protokolls, auch als SMB bekannt[3], eine entsprechende Kapazität an Speicherplatz im Netzwerk in Form von Heimat- und Profilverzeichnissen sowie Gruppen- und Applikationslaufwerken zur Verfügung. Dabei werden die unterschiedlichen Netzwerkspeicherressourcen hochverfügbar und damit möglichst ausfallsicher, bis zu einer SLA[4] von 99,99% aufgebaut. Des Weiteren wird dem Trend von Cloudbasierten Lösungen gefolgt und somit Fileservice-Produkte kreiert, die es ermöglichen, von überall aus und von jedem System, jederzeit auf seine Daten im Unternehmen zuzugreifen.

[1] Zisler, 2013, S. 329 - 335
[2] Timm, 2013, S. 20 - 21
[3] Kersken, 2013, S. 286 - 287
[4] Siepermann, 2014

1.1 Begründung der Problemstellung

Die Problemstellung dieser Arbeit ist, dass derzeit keine Entwicklungsumgebung auf Basis einer aktuellen Windows Server Version in der Abteilung von Fileservice Engineering bei dem Unternehmen Mustermann International GmbH existiert. Eine Entwicklungsumgebung für Engineering Tätigkeiten ist essentiell um neue Software mit Ihren mitgelieferten Funktionen zu testen, die möglichen Schwachstellen zu identifizieren und mögliche Wege zur Beseitigung dieser zu finden. Ebenfalls ist eine Entwicklungsumgebung für den Aufbau und Test der geplanten technischen Kundenlösung notwendig, um das Zusammenspiel der unterschiedlichen Anwendungen, Dienste und Systeme zu untersuchen. Erst nachdem die geplante Kundenlösung erfolgreich aufgebaut werden konnte und die ersten Tests positiv verlaufen sind, kann diese in die Produktionsumgebung überführt und dem Kunden bereitgestellt werden.

1.2 Darstellung von Ziel und Aufbau der Arbeit

Das Ziel dieser Arbeit ist es, den Aufbau einer Entwicklungsumgebung samt den notwendigen Vorarbeiten und auf Basis von Windows mittels der bereits ab Windows Server 2008 integrierten Virtualisierungssoftware Hyper-V, für den Bereich Fileservice Engineering zu erstellen und zu beschreiben. Neben der Auswahl der Windows Versionen und Beschaffung der Hardware, werden verschiedene Tests durchgeführt, um die Funktionalität zu gewährleisten und die gefundenen Ergebnisse zu dokumentieren.

Zunächst werden zu Beginn in Kapitel 2 wichtige Grundlagen behandelt, die für das leichtere Verständnis der weiteren Arbeit notwendig sind. In Kapitel 3 wird auf die Vorbereitung der Entwicklungsumgebung und die damit verbundenen Arbeiten eingegangen. Schließlich wird die Entwicklungsumgebung bzw. der Aufbau dieser in Kapitel 4 näher beschrieben sowie die gemachten Ergebnisse reflektiert. Im letzten Kapitel wird ein Fazit, eine kritische Würdigung sowie ein Ausblick gegeben.

2 Grundlagen

Virtualisierung ermöglicht die Abstraktion von Hardware, Software und Netzen. Im übergreifenden Sinn werden mit Virtualisierung Software- oder Hardware-Techniken bezeichnet, welche eine Abstraktionsschicht zwischen dem Benutzer (oder Applikationen oder Schnittstellen) einerseits und physischen Ressourcen wie z. B. Hardwarekomponenten eines Rechners andererseits, implementieren[5].

Eines der Hauptziele der Virtualisierung ist es, Ressourcen zu schonen und diese sinnvoll zu verteilen bzw. die Ressourcen zu bündeln und zu komprimieren. Selbstverständlich ist dabei Kosteneinsparung eines der wichtigsten Gründe, weshalb immer mehr auf Virtualisierung gesetzt wird.

2.1 Arten der Virtualisierung

Virtualisierung ist in verschiedenen Bereichen anzutreffen. Neben der Server-Virtualisierung gibt es die Virtualisierung in den Bereichen Applikationen bzw. Software, Speicher, Desktop und Netzwerk. Die unterschiedlichen Varianten werden in den nachfolgenden Unterkapiteln näher erläutert.

2.1.1 Server-Virtualisierung

Mittels der Server-Virtualisierung wird es ermöglicht, die Ressourcen eines Hostservers[6] für virtuelle Maschinen zu verteilen. Damit wird es möglich gemacht, mehrere virtuelle Instanzen logisch voneinander zu betreiben und somit gesamte Entwicklungsumgebungen virtuell aufzubauen. Dabei ist es möglich, dass auf dem Hostserver mehrere unterschiedliche virtuelle Maschinen mit verschiedenen zur Verfügung gestellten Diensten und Anwen-

---

[5] ITWissen, Virtualisierung, 2014
[6] ITWissen, Host, 2014

dungen betrieben werden[7]. Jeder virtuellen Maschine wird ein gewisser Anteil an Arbeitsspeicher, Prozessorleistung, Netzwerkkarte sowie Festplattenspeicherplatz zugewiesen. Damit wirkt die virtuelle Maschine nach außen wie ein eigenständiges, physisch vorhandenes System. Damit virtuelle Maschinen mit einer Virtualisierungssoftware erstellt werden können, muss die Virtualisierungstechnologie[8] vom Hostserver bzw. der CPU unterstützt werden. Meist ist dies bei Intel mit dem Kürzel „VT-“[9] und bei AMD mit „V-“[10] im BIOS[11] vermerkt und muss daher aktiviert sein.

2.1.2 Applikationsvirtualisierung

Die Applikationsvirtualisierung ermöglicht es, unterschiedliche Software einfacher zu verwalten, speziell in Bezug auf Lizenzen, Versionen und Aktualisierungen. Die Installation und Deinstallation der Software wird von einem zentralen Softwareverteilungssystem durchgeführt. Dabei werden alle notwendigen Registry-Einträge[12], Dateien und Komponenten in einer zentralen Umgebung aufbewahrt, sodass bei der Installation und Deinstallation darauf zugegriffen werden kann. Mithilfe der Applikationsvirtualisierung ist somit sichergestellt, dass die für das Unternehmen angepassten Applikationen dem jeweiligen Client zugewiesen werden. Durch dieses zentral organisierte Softwaremanagement wird dafür gesorgt, dass die Applikationen geprüft, freigegeben, standardisiert und frei von Schadsoftware[13] sind, was zur Sicherheit im Unternehmen beiträgt[14].

---

[7] Deutsche Telekom AG, 2014, S. 4
[8] Torres, 2012
[9] Intel, 2014
[10] AMD, 2014
[11] Dembowski, 2004, S. 81 - 89
[12] computerbild, 2014
[13] Kersken, 2013, S. 1106 - 1119
[14] Deutsche Telekom AG, 2014, S. 5

2.1.3 Speichervirtualisierung

Bei der Speichervirtualisierung werden Speicherkapazitäten des Speichersystems[15] den verschiedenen Servern über das Netzwerk zur Verfügung gestellt, unabhängig vom Hardwarehersteller. Damit werden die vorhandenen Speicherkapazitäten besser genutzt, die Wartung und Administration des Speichersystems erleichtert und eine höhere Flexibilität wird erreicht. Außerdem werden Sicherungen vereinfacht, da weniger Systeme gesichert werden müssen. Speichererweiterung ist bis zur maximalen Verwaltungsgrenze der Speichersystem-Steuereinheit sowie Betriebssystemgrenze ohne Weiteres möglich. Sollen Daten verschoben bzw. migriert werden, ist dies innerhalb des Speichersystems ebenfalls einfacher und vor allem schneller realisierbar, als über mehrere Server und damit über das Netzwerk zu kopieren[16].

2.1.4 Desktopvirtualisierung

Die Desktopvirtualisierung stellt Client-Betriebssysteme und Anwendungen auf virtuellen Servern zur Verfügung, welche sich auf Hostservern im Rechenzentrum des Anbieters befinden. Dabei geschieht der Zugriff auf die virtuellen Clients durch die Benutzer über das LAN, WAN oder über eine mobile Datenverbindung. Dank der Desktopvirtualisierung wird der Wartungsaufwand für die Clients reduziert, da im Fehlerfall die IT-Administratoren über eine Remote-Verbindung auf diese Clients zugreifen können. Die Fernwartung ist bei den stationären Desktop-PCs zwar ebenfalls möglich, allerdings muss bei einem Hardwaredefekt entweder der Desktop-PC oder die defekte Hardwarekomponente ausgetauscht werden, was bei einem virtuellen Client nicht notwendig ist. Aktualisierungen oder Installationen können ebenfalls aus der Ferne durchgeführt und müssen nicht mehr vor Ort ausgeführt werden. Des Weiteren wird die Flexibilität der Benutzer erhöht, da sie von jedem

[15] ITWissen, Speichersystem, 2014
[16] Troppens, Erkens, Müller, 2008, S. 165 - 171

anderen im Unternehmen befindlichen Gerät auf ihren virtuellen Client zugreifen können[17].

2.1.5 Netzwerkvirtualisierung

Mit der Netzwerkvirtualisierung ist es möglich, das Netzwerk in unterschiedliche virtuelle und logische Einheiten zu unterteilen. Die Netzwerke werden dabei mittels einer Switch-Technik in einzelne Segmente unterteilt, die wiederum von Switchen in logische Gruppen zusammengefasst werden, was die Bildung von logischen Abteilungen über mehrere Standorte ermöglicht. Außerdem wird damit sichergestellt, dass nur die Geräte Daten miteinander austauschen können, die sich ebenfalls im selben virtuellen Netzwerk befinden. Durch Bildung von VLANs[18] wird die Sicherheit bei der Datenverbindung vor unbefugten Zugriffen erhöht sowie das Netzmanagement vereinfacht, da bestimmte Dienste oder Abteilungen zusammengefasst und zentral über das gesamte Unternehmensnetzwerk verwaltet werden können[19]. Sollen Unternehmensdaten oder andere private Daten über ein öffentliches Netzwerk transportiert werden, eignet sich das VPN dazu, welches die Übertragung verschlüsselt[20].

2.2 Vor- und Nachteile der Virtualisierung

Mit dem Einsatz der Virtualisierung wird dem Unternehmen die Möglichkeit geschaffen, eine Hardware für verschiedene Dienste und gesamte Umgebungen zu verwenden, was zur Kosteneinsparung beiträgt. Des Weiteren können die Ressourcen für die virtuellen Maschinen dynamisch zugewiesen werden. Die Ressourcen können damit effektiver genutzt werden, je nachdem wo diese benötigt werden. Außerdem besteht mithilfe der Virtualisierung

---

[17] Vogel, Kocoglu, Berger, 2010, S. 19 - 23
[18] Zisler, 2013, S. 170 - 173
[19] Deutsche Telekom AG, 2014, S. 6
[20] Becker, 2011, S. 18 - 21

die Möglichkeit, sogenannte Snapshots[21] von den installierten virtuellen Maschinen zu machen. Damit ist es jederzeit möglich, wieder an den im Snapshot eingefrorenen Zustand zurückzukehren. Mit dieser Möglichkeit ist eine Neuinstallation einer virtuellen Maschine aufgrund eines Fehlers oder misslungenen Konfiguration nicht notwendig. Ein weiterer Vorteil der Virtualisierung ist, dass nach der ersten Installation einer virtuellen Maschine die Möglichkeit besteht, weitere virtuelle Maschinen mittels des Basisimages in wenigen Minuten zu erstellen, was sehr viel Zeit spart. Das Vorgehen mithilfe des Basisimages wird im Kapitel 4.1 näher beschrieben. Außerdem ist aufgrund der Virtualisierung die Verwaltung der Hostserver einfacher sowie eine höhere Flexibilität und Skalierbarkeit gegeben.

Allerdings bringt eine Virtualisierung auch Nachteile mit sich. Der wohl größte Nachteil bei der Virtualisierung ist, dass wenn der Hostserver ausfällt, alle sich auf dem Hostserver befindlichen virtuellen Maschinen ebenfalls ausfallen. Dies kann je nach Anzahl und Wichtigkeit der virtuellen Maschinen zu einer enormen Beeinträchtigung des Produktionsbetriebes führen. Um dem entgegenzuwirken, muss der Hostserver ausfallsicher in einem Cluster[22] aufgebaut werden, was allerdings die Kosten in die Höhe treibt. Außerdem benötigt jeder zusätzliche Dienst auf dem Hostserver mehr physikalische Ressourcen, wie Arbeitsspeicher, CPU und Festplattenspeicher. Darüber hinaus werden durch Nutzung zusätzlicher Dienste und Funktionen des Betriebssystems weitere Sicherheitslücken eröffnet, was wiederum mehr Aufwand für die Pflege des Betriebssystems in Form von Updates bedeutet.

2.3 Vorstellung der Virtualisierungssoftware Hyper-V

Hyper-V ist eine Virtualisierungssoftware, die im Betriebssystem Windows ab der Version Server 2008 bereits integriert ist und über die Rolle „Hyper-V" installiert wird. Da Hyper-V bereits mit dem Server Betriebssystem ausgelie-

---

[21] Kaczenski, Grote, Dille, Kappen, 2013, S. 537 - 548
[22] it-administrator, 2011

fert wird, entstehen keine weitere Lizenzkosten, wie bei anderen Anbietern. Nach erfolgreicher Installation, können mit Hyper-V virtuelle Server und Clients erstellt und diesen entsprechende Systemressourcen dem Hostserver zugeordnet werden. Dabei können mehrere unterschiedliche Systeme auf einem Hostserver virtualisiert und somit komplexe, voneinander unabhängige Test- und Entwicklungsumgebungen geschaffen werden. Außerdem ist es mit Hyper-V möglich, Snapshots zu erstellen, die bei einer Entwicklungsumgebung nicht fehlen dürfen, um schnell wieder zum Ursprungszustand zurückkehren zu können. Bei der Virtualisierung mit Hyper-V ist es möglich, den virtuellen Servern oder Clients zu untersagen, dass diese außerhalb von Hyper-V kommunizieren dürfen. Mit dieser Restriktion können die virtuellen Maschinen nicht mit anderen Ressourcen außerhalb des Hostservers kommunizieren. Andernfalls besteht die Möglichkeit große Test-, Entwicklungs- oder produktive Arbeitsumgebungen zu erstellen, bei denen die virtuellen Maschinen miteinander kommunizieren können. Damit diese Arbeitsumgebungen im Falle eines Hostserverausfalls weiterhin verfügbar sind, können mittels Hyper-V-Replikation, die virtuellen Maschinen auf einen anderen Hostserver repliziert werden, sodass eine höhere Verfügbarkeit entsteht[23].

Abbildung 1 zeigt wie Microsofts Hyper-V als Virtualisierungssoftware arbeitet. Hyper-V wird in Benutzer- und System-Modus unterteilt. Im Benutzermodus kann der Benutzer unterschiedliche Microsoft Windows und Linux Betriebssysteme installieren[24]. Für diese werden - sofern vorhanden und unterstützt - die passenden Treiber - in Hyper-V auch als Integrationsdienste[25] bekannt - im System-Modus geladen, sodass das Betriebssystem verwendet werden kann. VMBus ist ein Protokoll, welches von Hyper-V für die Kommunikation zwischen Hostserver und virtueller Maschine verwendet wird[26].

---

[23] Boddenberg, 2014, S. 1274 - 1287
[24] Microsoft, Hyper-V Übersicht, 2013
[25] Microsoft, Installieren eines Gastbetriebssystems, 2014
[26] Microsoft, Hyper-V Architecture, 2014

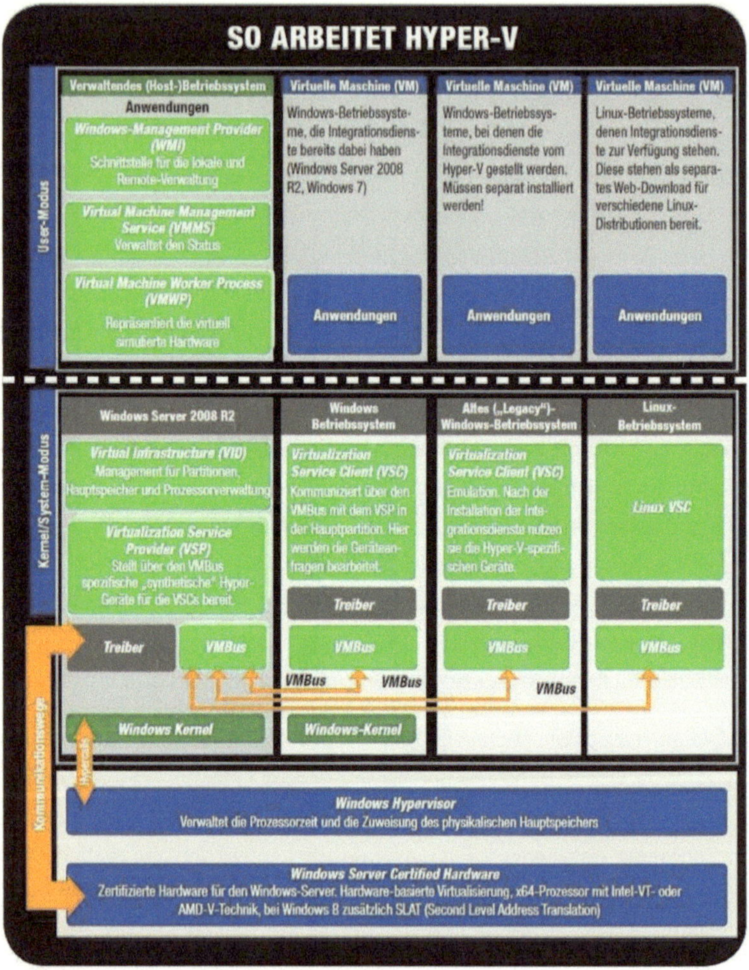

Abbildung 1: So arbeitet Hyper-V[27]

---

[27] PC-Magazin, 2013

2.4 Vorstellung des Dienstes Fileservice auf Windows (DFS)

Fileservice ist ein Dienst, mit dem ein Speicherplatz im Netzwerk bereitgestellt werden kann. Mit diesem Speicherplatz ist es möglich, dass die Benutzer darin ihre Daten abspeichern können. Dabei wird zwischen Homeshare[28], Groupshare[29], Profileshare[30] und Applicationshare[31] unterschieden. Das Homeshare ist dabei nur einem Benutzer zugeordnet und nur dieser Benutzer kann darin seine Daten ablegen. Beim Groupshare hingegen können mehrere Benutzer, meist ganze Abteilungen oder Projektteams, Daten ablegen und gemeinsam nutzen. Dabei gibt es einen Besitzer dieses Gruppenlaufwerks. Das Profileshare hat den Zweck, Profildaten des Benutzers zu speichern, damit die Benutzereinstellungen auf allen Clients des Benutzers synchron vorhanden sind. Das Applicationshare dient dazu, Daten für Anwendungen bereitzustellen, die anschließend auf dieses Applicationshare lesend oder schreibend zugreifen. Das DFS von Microsoft dient dazu, die unterschiedlichen Freigaben zu synchronisieren. Dabei wird zwischen DFS-N und DFS-R unterschieden. DFS-N hat die Aufgabe einen einheitlichen Namen für die Freigaben über mehrere Server hinweg bereitzustellen. DFS-R hingegen ist für die Synchronisation der verschiedenen Freigaben über mehrere Server zuständig und sorgt somit, dass bei Änderungen an Dateien, diese Änderungen auf die anderen Server übertragen werden. Die Synchronisation kann dabei bei jeder neuen Änderung durchgeführt werden oder zu bestimmten Zeiten, welche bei der Konfiguration der Replikationsgruppe definiert wird. Abbildung 2 stellt die Funktionalität des DFS als Überblick dar.

---

[28] engl. Heimatverzeichnis
[29] engl. Gruppenlaufwerk
[30] engl. Profilverzeichnis
[31] engl. Applikationslaufwerk

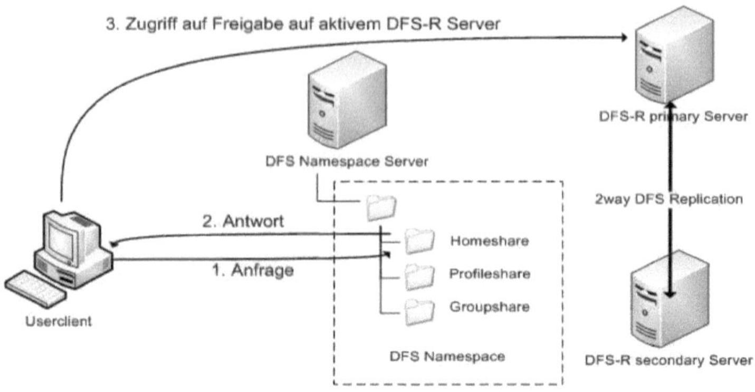

Abbildung 2: Überblick DFS Funktionalität

Zunächst wird eine Anfrage des Clients an den Namespace Server gestellt, dieser antwortet, wo sich der freigegebene Ordner auf dem aktiven DFS-R Server befindet. Anschließend kann der Benutzer auf die Freigabe, welche sich auf dem aktiven DFS-R Server befindet, zugreifen.

2.5 Vorstellung des Active Directory

Das Active Directory ist ein Verzeichnisdienst, welches im Jahre 2000 von dem Unternehmen Microsoft entwickelt und bereitgestellt wurde. Das Active Directory ist für die Verwaltung von unternehmensweiten Informationen bezüglich Computernamen, Benutzern, Gruppen, E-Mail Adressen, Druckern und weiteren Ressourcen im Unternehmensnetzwerk notwendig. Außerdem ist das AD für die Authentifizierung und Benutzeranmeldung an Clients, die dem Unternehmen bzw. der Domäne[32] zugehörig sind, verantwortlich. Damit ermöglicht das Active Directory gemeinsam mit Microsoft Exchange den Mitarbeitern über Outlook Adressbuch[33] nach anderen Kollegen im Unternehmen zu suchen[34]. Außerdem ermöglicht es den Administratoren des Unter-

[32] ITWissen, Domäne, 2014
[33] outlook-stuff, 2014
[34] Stanek, 2010, S. 39 - 41

nehmens neue Computernamen sowie Benutzer oder Benutzergruppen zu erstellen und mit entsprechenden Rechten innerhalb der Domäne zu versehen. Zusätzlich können für die unterschiedlichen Server und Clients bestimmte Richtlinien erstellt werden, die auf diesen die jeweiligen Einstellungen und Beschränkungen verwenden. Dabei besteht das Active Directory aus den vier Hauptkomponenten LDAP[35], Kerberos-Protokoll[36], DNS[37] sowie für den Fileservice das wichtige CIFS-Protokoll, womit die Freigabe der Laufwerke bzw. Verzeichnisse und somit der Zugriff auf diese ermöglicht wird. Abbildung 3 zeigt die oben beschriebenen und weitere Dienste an.

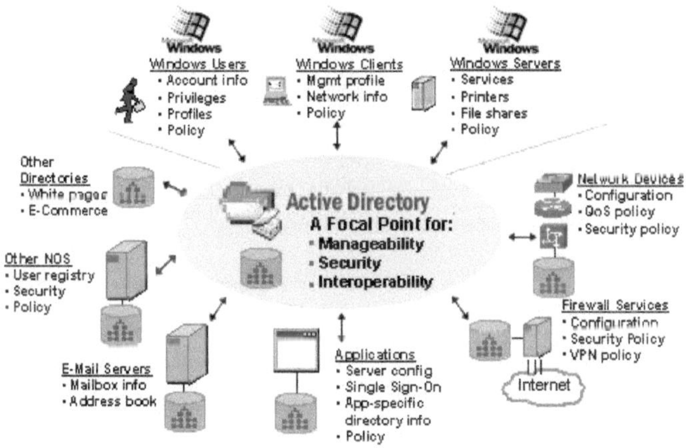

Abbildung 3: AD Überblick[38]

Das Active Directory ist die zentrale Verwaltung von Ressourcen in einer Domäne und erleichtert die Verwaltung der unterschiedlichen Ressourcen im Netzwerk eines Unternehmens erheblich. Das AD ist in mittleren und großen Netzwerken unabdingbar.

---

35 Elektronik Kompendium, LDAP - Lightweight Directory Access Protocol, 2014
36 Kuppinger, 2007
37 Liu, Albitz, 2006, S. 4 - 9
38 Nickles, 2014

2.6 Kurze Beschreibung der eingesetzten Werkzeuge

Um die notwendigen Arbeiten durchführen zu können, wurden neben der Virtualisierungssoftware Hyper-V die Windows Standardmittel verwendet. Die nachfolgende Auflistung gibt eine Übersicht über die verwendeten Werkzeuge:

- File Server Resource Manager[39]
- ping[40]
- nslookup[41]
- Remotedesktopverbindung über *RDP*[42]
- SysPrep[43]

Der *File Server Resource Manager (FSRM)* wird zur Administration der Daten auf dem Fileserver verwendet. Damit können verschiedene Limitierungen für die Benutzer auf den jeweiligen Freigaben eingerichtet sowie auch Filterregeln für bestimmte Datentypen gesetzt werden.

Zur Prüfung der Erreichbarkeit des Servers im Netzwerk wurde das bereits im Betriebssystem befindliche Werkzeuge *ping* verwendet. Dazu wird ein Echo-Request an die Zieladresse gesendet und der Empfänger sendet eine Antwort zurück, sofern dieser erreichbar ist. *nslookup* ist ebenfalls bereits im Betriebssystem enthalten und ermöglicht es, den Namen der zugehörigen IP-Adresse und umgekehrt aufzulösen.

Mit einer Remotedesktopverbindung über das Protokoll RDP ist es möglich, auf virtuellen Servern und Clients zu arbeiten. Damit ist ein Arbeiten auf dem entfernten Rechner möglich, ohne direkt vor diesem zu sitzen.

Um ein Basisimage zu erstellen, wurde das Werkzeug *Sysprep* benutzt, welches bei Client und Server Windows-Betriebssystemen standardmäßig unter *C:\Windows\System32\Sysprep* zu finden ist. *Sysprep* entfernt alle getätigten

[39] Microsoft, 2008
[40] Zisler, 2013, S. 157 - 159
[41] Zisler, 2013, S. 159 - 161
[42] Zisler, 2013, S. 299 - 300
[43] McClean, 2012

benutzer- und computerbezogenen Einstellungen und versetzt das Basisimage somit in einen neutralen Status. Damit werden beim Erstellen einer neuen virtuellen Maschine und installieren des Betriebssystems die benutzer- und computerbezogenen Einstellungen abgefragt.

3 Vorbereitung der Entwicklungsumgebung

Damit die Entwicklungsumgebung erfolgreich erstellt und eingerichtet werden kann, müssen einige Vorbereitungsarbeiten durchgeführt werden. Darunter ist die Auswahl der passenden Server- und Client-Windows-Version, die Beschaffung der Hardware sowie aller notwendigen Netzwerkinformationen wie IP-Adresse und Name der Rechner notwendig. Wenn alle notwendigen Informationen vorliegen, kann mit der Installation und Konfiguration des Hostservers begonnen werden. Nach Abschluss dieser Tätigkeiten müssen noch einige sicherheitsrelevante Arbeiten, wie beispielsweise Antivirenprogramm installieren, Firewall konfigurieren und Updates installieren, durchgeführt werden, sodass die Sicherheit vor Schadsoftware und Angriffen gewährleistet und erhöht wird. Abschließend kann Hyper-V installiert und konfiguriert werden.

3.1 Vorbereitungsarbeiten

Zunächst wird ein Hostserver benötigt, der Virtualisierung und die entsprechende Microsoft Windows Server und Client Version unterstützt. Das Betriebssystem für Server und Client muss ebenfalls im Vorfeld ausgewählt werden. Damit der Hostserver sowie die virtuellen Server und Clients im Netzwerk ansprechbar sind und miteinander kommunizieren können, werden Computernamen und IP Adressen benötigt. Die Installation und Konfiguration des Hostservers kann nach Abschluss der Vorbereitungsarbeiten durchgeführt werden.

3.1.1 Serverbeschaffung

Damit die Virtualisierung möglich ist, wird ein Server benötigt, dessen CPU Virtualisierung unterstützt. Außerdem ist ein Server notwendig, welcher für die neueste Version des Windows Serverbetriebssystems geeignet ist und über ausreichend Arbeitsspeicher für die Virtualisierung verfügt. Die virtuellen Maschinen benötigen zum Speichern von Daten Festplattenspeicher, sodass der physische Hostserver über genügend Festplattenspeicher besitzen muss.

Da im Fileservice Engineering Team ausreichend Server im Serverraum zur Verfügung stehen, muss kein neuer Server angeschafft werden. Ein bereits vorhandener und eingebauter Server wird für die Erstellung der neuen Entwicklungsumgebung verwendet. Der Hostserver ist mit 16 GB Arbeitsspeicher, zwei CPUs mit 2 x 2,40 GHz sowie 8 x 146 GB SAS 10K[44] [45] Festplatten ausgestattet. Des Weiteren wird mit Intels VT-Technologie die Virtualisierung und 64-Bit-Systeme unterstützt. Damit erfüllt der Hostserver die oben beschriebenen Anforderungen.

3.1.2 Auswahl der Microsoft Windows Server und Client Version

Damit die Entwicklungsumgebung für eine möglichst lange Zeit genutzt werden kann, ist auf die Aktualität und Dauer des Produkt-Supports durch Microsoft des eingesetzten Betriebssystems zu achten. Dies sind besonders wichtige Kriterien, auf die bei der Wahl des Betriebssystems zu achten sind. Aufgrund der Tatsache, dass mit einer neuen Version des Server Betriebssystems und der rasanten Entwicklung der IT, neue Funktionen erwartet und gefordert werden, ist dies ebenfalls ein wichtiges Kriterium bei der Auswahl des Betriebssystems. Für die Virtualisierung von Test- und Entwicklungsumgebungen ist eine schnelle Installation wichtig, um bei Neuinstallationen Zeit zu sparen. Die Kosten für Lizenzen sind natürlich ebenfalls wichtig, allerdings für Engineering von neuen und ggf. zukünftigen Kernprodukten des Unter-

[44] 10.000 Umdrehungen pro Minute
[45] Elektronik Kompendium, SAS - Serial Attached SCSI, 2014

nehmens zunächst zweitrangig, da Microsoft Windows als Betriebssystem für Kunden unverzichtbar ist. Abbildung 4 zeigt die Auswahl des Server Betriebssystems, dabei wurde eine Skala bei der Punktevergabe von 1 – 3 Punkten gewählt, wobei 1 schlecht, 2 gut und 3 sehr gut geeignet bedeutet.

		Server 2012 R2		Server 2012		Server 2008 R2		Server 2008	
Kriterien	**Gewichtung**	**Punkte**	**Ergebnis**	**Punkte**	**Ergebnis**	**Punkte**	**Ergebnis**	**Punkte**	**Ergebnis**
Aktualität	30%	3	0,9	2,5	0,75	2	0,6	1	0,3
Funktionen	20%	3	0,6	2	0,4	1,5	0,3	1	0,2
Produktsupport	30%	3	0,9	3	0,9	1,5	0,45	1	0,3
Lizenzkosten	10%	2	0,2	2	0,2	2	0,2	2	0,2
Installationsgeschwindigkeit	10%	3	0,3	3	0,3	2	0,2	2	0,2
Summe	**100%**		**2,9**		**2,55**		**1,75**		**1,2**

Abbildung 4: Auswahl Server Betriebssystem

Die Entscheidung fiel eindeutig auf Windows Server 2012 R2, da dies das aktuellste Server Betriebssystem von Microsoft darstellt und derzeit die meisten Funktionalitäten des Herstellers dieser Produktreihe bietet.

Bei der Wahl des Betriebssystems für den Client soll ebenfalls die neueste Version gewählt werden, da diese mit der aktuellsten Server Betriebssystems untersucht werden soll. Beim Client Betriebssystem ist vor allem der Produktsupport durch den Hersteller ganz wichtig, da der Client dem Kunden für die Vertragslaufzeit, welche mehrere Jahre beträgt, angeboten wird. Aktualität in Verbindung mit dem Produktsupport ist ebenfalls ein wichtiges Kriterium, da in der Regel mit einer neuen Version des Betriebssystems wichtige Fehler und Sicherheitslücken behoben werden. Die Funktionalitäten, die das Client Betriebssystem bieten soll sind wichtig, da dem Kunden stets das neueste Produkt mit den neuesten Funktionalitäten angeboten werden soll und der Client die Funktionen und Dienste, die durch den Server zur Verfügung gestellt werden, in der Lage sein soll, diese zu nutzen. Da ein Client in großen Stückzahlen beim Kunden ausgeliefert wird, sind die Lizenzkosten für diesen von großer Bedeutung, allerdings ist auch hier das Betriebssystem Windows für Kunden unabdingbar. Der Bedienkomfort des Clients für den Benutzer ist zwar wichtig, allerdings hat dieser nur eingeschränkte Rechte, sodass dieses Kriterium geringer bewertet werden kann. Abbildung 5 zeigt die Auswahl des Client Betriebssystems, dabei wurde dieselbe Skala analog zur Auswahl des Serverbetriebssystems gewählt.

		Windows 8.1		Windows 8		Windows 7		Windows Vista	
Kriterien	**Gewichtung**	**Punkte**	**Ergebnis**	**Punkte**	**Ergebnis**	**Punkte**	**Ergebnis**	**Punkte**	**Ergebnis**
Aktualität	20%	3	0,6	2,5	0,5	2	0,4	1	0,2
Funktionen	20%	3	0,6	2,5	0,5	2	0,4	1	0,2
Produktsupport	30%	3	0,9	2,5	0,75	2	0,6	1	0,3
Lizenzkosten	20%	2	0,4	2	0,4	1,5	0,3	1,5	0,3
Bedientkomfort	10%	1,5	0,15	1,5	0,15	3	0,3	2,5	0,25
Summe	**100%**		**2,65**		**2,3**		**2**		**1,25**

Abbildung 5: Auswahl Client Betriebssystem

Die Wahl fiel vorrangig auf Windows 8.1, welches das neueste Client Betriebssystem von Microsoft darstellt. Bei Engineering Tätigkeiten werden allerdings mehrere Client Betriebssysteme betrachtet, um deren Verträglichkeit und Verhalten mit der aktuellen Lösung zu testen.

3.1.3 Beschaffung der IP-Adressen und Computernamen

Damit der Hostserver sowie die virtuellen Server und Clients über das Netzwerk ansprechbar sind und im Active Directory gepflegt werden können, müssen IP-Adressen und Computernamen beschafft und vergeben werden. IP-Adressen und Computernamen können bei der Mustermann International GmbH über eine interne Webanwendung namens NOAH[46], welches lediglich berechtigten Personen vorenthalten ist, vergeben werden. Abbildung 6 zeigt die vergebenen IP-Adressen und Computernamen für den Hostserver.

[46] Network Operation and Administration Helper ist ein Netzwerkmanagement Werkzeug

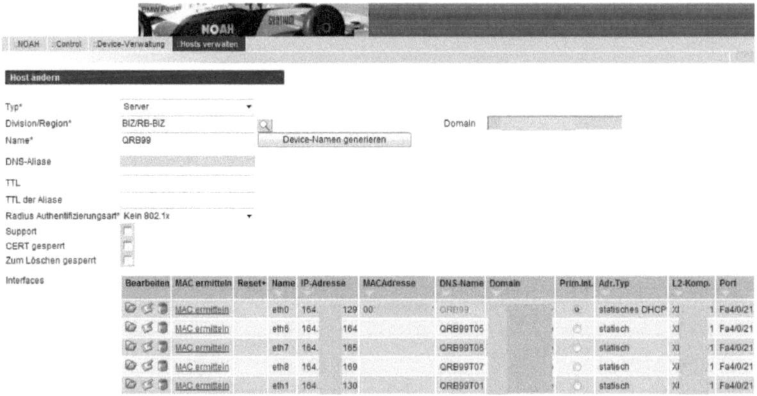

Abbildung 6: NOAH – Netzwerkmanagement Werkzeug der Mustermann International GmbH[47]

3.2 Installation und Konfiguration des Hostservers

Da die Beschaffung des Hostservers sowie die Auswahl des Betriebssystems für Server und Clients abgeschlossen ist und die IP-Adressen und Computernamen bekannt sind, können die weiteren Vorbereitungsarbeiten durchgeführt werden. Die Installation und Konfiguration des Hostservers beginnt mit der Konfiguration des RAIDs[48] im entsprechenden BIOS des RAID Controllers. Für die Konfiguration des RAIDs stehen acht Festplatten zur Verfügung. Als RAID wurde RAID 5 gewählt, da dieser aufgrund der Parity-Festplatte eine erweiterte Datensicherheit bei Datenverlust bietet[49]. Zusätzlich wird eine Festplatte als Hot-Spare[50] eingerichtet, die im Fehlerfall die ausgefallene im RAID befindliche Festplatte ersetzt. Mit einer Hot-Spare Festplatte wird die Datensicherheit erhöht. Abbildung 7 zeigt die RAID-Konfiguration des Hostservers.

[47] Informationen wurden aus Datenschutzgründen geschwärzt
[48] Troppens, Erkens, Müller, 2008, S. 25 - 42
[49] Troppens, Erkens, Müller, 2008, S. 31 - 36
[50] Troppens, Erkens, Müller, 2008, S. 494

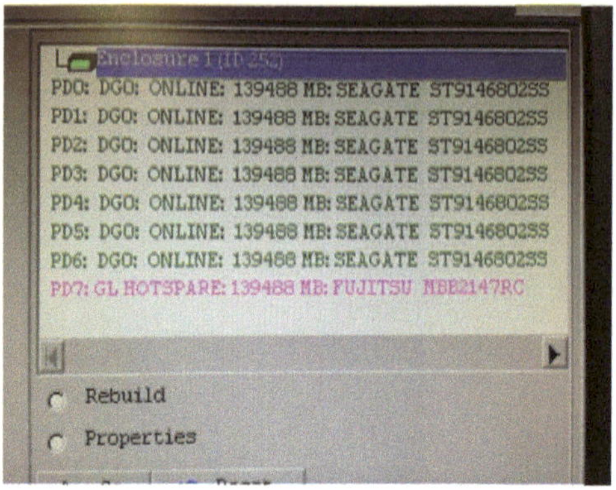

Abbildung 7: RAID Konfiguration im BIOS des RAID Controllers

Nach Abschluss der RAID-Konfiguration kann mit der Installation des Server Betriebssystems fortgefahren werden. Die Installation wird durch den Installationsassistenten geführt. Dabei hat Microsoft die Abfrageparameter bei der Installation des Windows Server 2012 R2 auf ein Minimum begrenzt. Neben der Wahl der Variante des Betriebssystems[51] ist die Partitionsgröße zu definieren und zu erstellen sowie die Sprache und Tastaturlayout des Servers zu wählen. Am Ende der Installation wird das Passwort für den lokalen Administrator vergeben. Nachdem die Installation des Betriebssystems abgeschlossen ist, muss der Hostserver konfiguriert werden. Hierzu wird der Computername unter dem Menüpunkt *System* eingetragen. Damit auf den Hostserver über eine Remotedesktopverbindung zugegriffen werden kann und eine Kommunikation mit anderen Servern in der Fileservice Engineering Abteilung möglich ist, muss die Netzwerkkonfiguration samt vorliegender IP-Adresse, Subnetmask[52], Default-Gateway[53], DNS und WINS[54] eingetragen und die Remotedesktopverbindung erlaubt werden. Anschließend wird die Konfiguration überprüft, indem versucht wird, eine Remotedesktopverbindung zu dem Hostserver aufzubauen und einen ping auf den Namen und

[51] Wahl zwischen Betriebssystem mit Grafikoberfläche oder lediglich mit Konsole
[52] Kersken, 2014, S. 226 - 254
[53] Mitchell, 2014
[54] Microsoft, Windows Internet Name Service (WINS) (Übersicht), 2014

einen nslookup auf die IP-Adresse durchzuführen. Für den Pingtest müssen allerdings zunächst die Regeln der Windows Firewall[55] angepasst werden, da dies standardmäßig von der Windows-Firewall geblockt wird und der Test somit fehlschlägt. Wenn die Firewall-Regeln entsprechend angepasst worden sind, kann der Pingtest durchgeführt werden. Zusätzlich kann mit nslookup auf die IP-Adresse überprüft werden, ob der richtige Computername, welcher dieser IP-Adresse zugeordnet ist, ausgegeben wird. Bei positivem Ergebnis sieht dies wie in Abbildung 8 aus und die Netzwerkkonfiguration ist damit abgeschlossen.

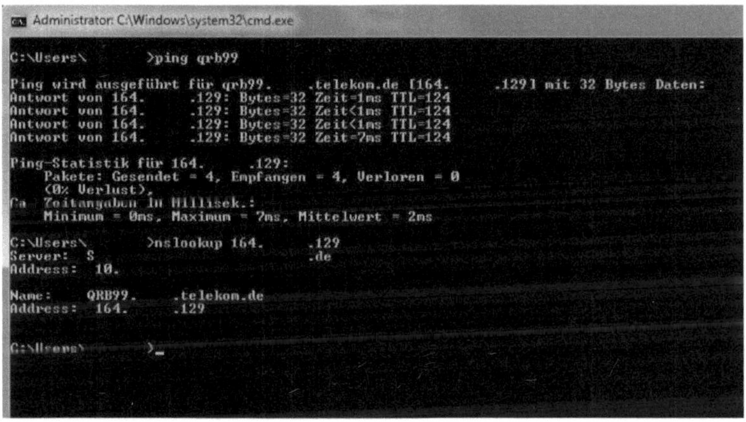

Abbildung 8: Pingtest und nslookup[56]

3.3 Sicherheit

Sicherheit in der IT ist besonders wichtig, denn es lauern viele verschiedene Gefahren im Internet, wie z. B. Hacker-Angriffe[57] oder verschiedenste Schadsoftware. Deshalb ist es von besonderer Bedeutung, sich gegen diese Gefahren zu schützen und die entsprechenden Sicherheitsmaßnahmen vor der weiteren Installation und Konfiguration der Server zu treffen und durchzu-

[55] Boddenberg, 2014, S. 713 - 729
[56] Informationen wurden aus Datenschutzgründen geschwärzt
[57] Wirtschaftswoche, 2014

führen. Mithilfe einer Hard- oder Software-Firewall und mit einer entsprechenden Firewall-Strategie[58] können verschiedene Hacker-Angriffe aus dem Internet oder gar dem eigenen Intranet auf die Server unterbunden werden. Wichtig ist dabei, dass die Firewall-Regeln in regelmäßigen Abständen überprüft und ggf. angepasst werden. Außerdem ist die Firewall stets auf dem aktuellsten Stand zu halten, um einen optimalen Schutz zu gewährleisten. Proxyserver[59] helfen ebenfalls dabei Angriffe aus dem Internet abzuwehren, indem Sie nach außen wie ein Webserver wirken, intern die Anfragen filtern und die zugelassenen Anfragen zum tatsächlichen Webserver weiterleiten. Um Schadsoftware vor der Verbreitung und Infizierung von Server und Clients im Unternehmen zu verhindern, sollte ein Antivirenprogramm auf Server und Clients installiert werden. Ständige Aktualisierung des Betriebssystems und Antivirenprogramm verhilft dabei, aktuelle Schadsoftware rechtzeitig zu erkennen und zu beseitigen.

Der Hostserver wurde mittels der in Windows integrierten Firewall und Installation eines Antivirenprogramms abgesichert. Diese überprüfen täglich über das interne Unternehmensnetzwerk, ob neue Updates vorhanden sind und installieren sie bei Bedarf. Damit der Hostserver und später auch die virtuellen Maschinen Updates für das Betriebssystem und weitere Microsoft Produkte erhalten, wird ein WSUS[60] verwendet, welcher bereits im Team von Fileservice Engineering vorhanden ist und die Server und Clients über das Unternehmensnetzwerk mit Updates versorgt. Da der Hostserver und die virtuellen Maschinen keinen Internetzugriff benötigen, ist diese nicht eingerichtet. Dem Hostserver und den sich darauf befindlichen virtuellen Maschinen ist der Zugriff zum Internet aufgrund des fehlenden Proxyserver-Eintrags untersagt. Als Firewall-Strategie wurde Deny-all[61] gewählt, damit werden alle Verbindungen, Anwendungen und Protokolle, bis auf die freigegebenen, geblockt. Dies trägt zu einer höheren Sicherheit bei, jedoch ist die Konfiguration der Firewall dafür umso aufwendiger.

---

[58] Elektronik Kompendium, Firewall, 2014
[59] Lubkowitz, 2013
[60] Boddenberg, 2014, S. 729 - 756
[61] engl. Alles sperren, siehe Elektronik Kompendium, Firewall, 2014

3.4 Hyper-V Installation und Konfiguration

Um mit der Virtualisierung der Server und Clients zu beginnen und die Entwicklungsumgebung für das Team Fileservice Engineering zu erstellen, wird die in Windows Server 2012 R2 integrierte Virtualisierungssoftware Hyper-V installiert. Dies geschieht durch das Hinzufügen der Rolle *Hyper-V* im Servermanager des Server Betriebssystems Windows Server 2012 R2 und dem Abschließen der Installation[62]. Damit die virtuellen Maschinen mit anderen Computern und miteinander kommunizieren können, wird ein virtueller Switch[63] benötigt. Dieser kann bereits bei der Installation von Hyper-V erstellt werden, indem eine vorhandene Netzwerkkarte zu einem virtuellen Switch umgewandelt wird. Nach der Installation von Hyper-V soll nach Möglichkeit der Pfad für die virtuellen Festplatten und virtuellen Maschinen auf eine andere Partition geändert werden, damit eine klare Trennung zwischen dem Betriebssystem und der Entwicklungsumgebung vorliegt. Außerdem sind die virtuellen Maschinen auch dann noch verfügbar, wenn das Betriebssystem neu installiert werden muss. Damit die virtuellen Maschinen untereinander kommunizieren können und sich der Administrator bei Bedarf via RDP auf die virtuellen Maschinen verbinden kann, wird in den Einstellungen von Hyper-V die Option *external* gewählt.

4 Entwicklungsumgebung Aufbau und Test

Nachdem alle Vorbereitungsarbeiten und Konfigurationen des Hostservers und Hyper-V abgeschlossen sind, kann die Entwicklungsumgebung aufgebaut und anschließend auf Funktionalität getestet werden. Bevor mit dem Aufbau der Entwicklungsumgebung begonnen wird, sollte ein Architekturbild erstellt werden, um eine Übersicht zu haben, wie die Entwicklungsumgebung am Ende aussehen soll. Abbildung 9 zeigt den Sollzustand der Entwicklungsumgebung.

[62] Boddenberg, 2014, S. 1250 - 1274

[63] Microsoft, Virtueller Hyper-V Switch (Übersicht), 2013

Die AD ist auf dem Domänencontroller (QRB99T01) installiert und verwaltet alle Ressourcen in der Domäne *fs.eng.test*. Das DFS wird als Domain-based DFS installiert, damit die Verwaltung des DFS über das AD geschieht und die Benutzer aus dem AD verwendet und somit keine lokalen Benutzer benötigt werden. Der DFS Namespace wird auf dem DFS-N Server (QRB99T02) installiert, welcher alle Informationen des DFS Namespaces verwaltet. Im DFS Namespace darf nur ein Target gleichzeitig aktiviert sein, damit dies von Microsoft supported wird. Die freigegebenen Ordner liegen dabei auf den DFS-R Servern (QRB99T03 und QRB99T04). Zwischen dem primary DFS-R und dem secondary DFS-R Server findet eine 2way DFS Replication statt, sodass die geänderten Daten von einem Server auf den anderen gelangen. Wenn der Client (QRB99T05) auf einen freigegebenen Ordner zugreifen möchte, muss er zunächst beim DFS-N Server nachfragen, wo dieser liegt. Anschließend bekommt der Client eine Antwort mit dem Verweis auf den entsprechenden aktiven DFS-R Server, worauf der Client nun eine Verbindung aufbauen und auf die Daten im Ordner zugreifen kann.

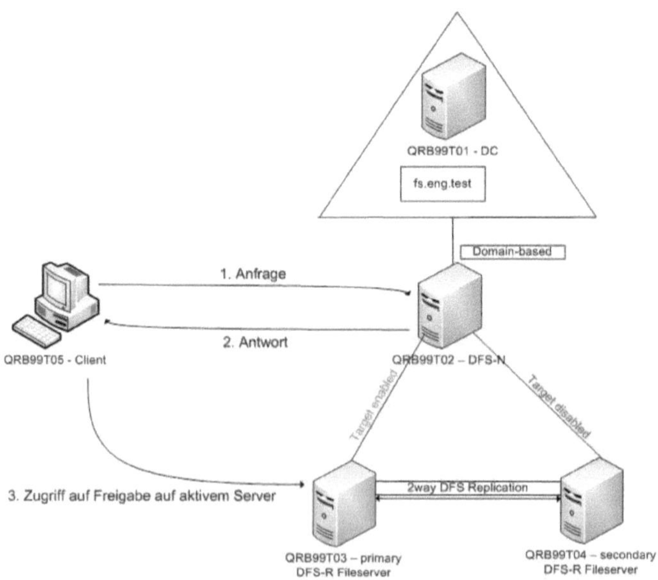

Abbildung 9: Architekturbild der Entwicklungsumgebung, Sollzustand

4.1 Erstellen des Basisimages für schnellere Installation

Um bei der Installation weiterer virtueller Maschinen auf Basis von Windows Server 2012 R2 sowie Windows 8.1 Zeit zu sparen, wird ein Basisimage erstellt. Mit dem Basisimage können bei Bedarf weitere virtuelle Maschinen mit dem verwendeten Betriebssystem in nur wenigen Minuten installiert werden. Microsoft hat zwar mit Windows Server 2012 R2 und Windows 8.1 die Installationszeit drastisch reduziert, dennoch müssen Antivirenprogramm, Updates für Betriebssystem und Antivirenprogramm heruntergeladen und installiert werden. Beim Verwenden eines Basisimages sind diese bereits mit Stand der Erstellung des Basisimages inkludiert und es bedarf keiner erneuten Installation. Das Basisimage wird nach Installation der ersten virtuellen Maschine, auf dieser mit dem Werkzeug *SysPrep* erstellt. Bereits gemachte Einstellungen werden teilweise übernommen. Allerdings werden beim Erstellen des Basisimages, die Netzwerkinformationen entfernt. Dies hat den Grund, damit kein Server oder Client mit der gleichen IP-Adresse ins Netzwerk aufgenommen wird, da es sonst zu einem IP-Adressenkonflikt[64] kommt. Bei einem IP-Adressenkonflikt hat keiner der beiden Rechner eine eindeutige IP-Adresse und ist in seiner Netzwerkverbindung beschränkt. Zusätzlich zu den Netzwerkinformationen ist nach Installation der virtuellen Maschine, mithilfe des Basisimages, das Kennwort für den Administrator neu zu setzen und der Computername zu vergeben, da diese Informationen beim Erstellen ebenfalls entfernt werden. Abbildung 10 zeigt die richtigen Einstellungen, die beim Erstellen des Basisimages mittels dem Werkzeug *SysPrep* zu verwenden sind.

---

[64] Microsoft, Erhalten von Hilfe zur Meldung "Es besteht ein IP-Adressenkonflikt", 2014

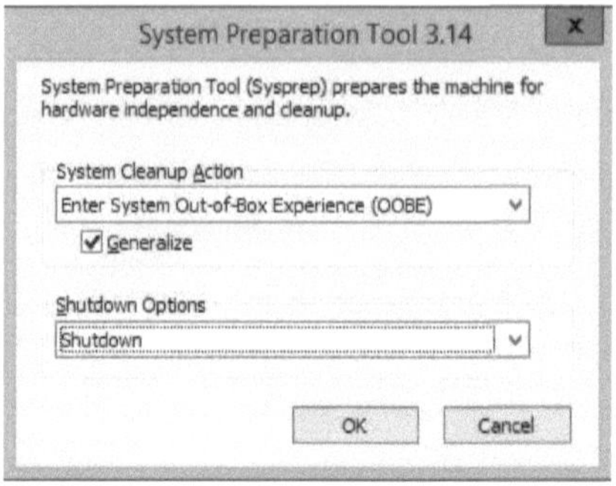

Abbildung 10: Erstellen eines Basisimages mit SysPrep

Mit der Auswahl *Out-of-Box Experience (OOBE)* erscheint nach dem Einbinden des Basisimages und Start der virtuellen Maschine, die Windows-Willkommensseite, in der Computername, Administrator- und Benutzername sowie Passwort festgelegt werden können. Durch setzen des Hakens bei der Option *Generalize* werden die zu Anfang erwähnten Informationen entfernt. Des Weiteren ist darauf zu achten, dass nach Erstellung des Basisimages, die virtuelle Maschine heruntergefahren wird, damit keine Veränderungen und benutzer- und computerspezifische Daten mehr geschrieben werden. Dies wird mit der Auswahl *shutdown* erreicht. Nachdem die Erstellung des Basisimages durchgeführt wurde, was lediglich wenige Minuten in Anspruch nimmt, wird das Basisimage an einen zentralen Ort zur Verwendung durch andere verschoben und mit einem Schreibschutz versehen. Dies ist notwendig, damit es nicht aus Versehen überschrieben oder verändert wird, z. B. durch Verwendung als Systempartition, indem es als virtuelle Festplatte eingebunden wird. Bei der Installation von virtuellen Maschinen mit dem Basisimage ist darauf zu achten, dass vor Beginn der Installation eine zweite virtuelle Festplatte vergeben wird, damit die virtuellen Maschinen ihre Daten darauf speichern können. Das schreibgeschützte Basisimage wird bei der Installation der neuen virtuellen Maschine, wie in Abbildung 11 ersichtlich ist, als *Differencing* eingebunden. Damit wird lesend auf das Basisimage zugegriffen und alle weiteren Daten des Betriebssystems oder durch Installation von zusätzlicher Software, werden auf die zweite virtuelle Festplatte geschrieben.

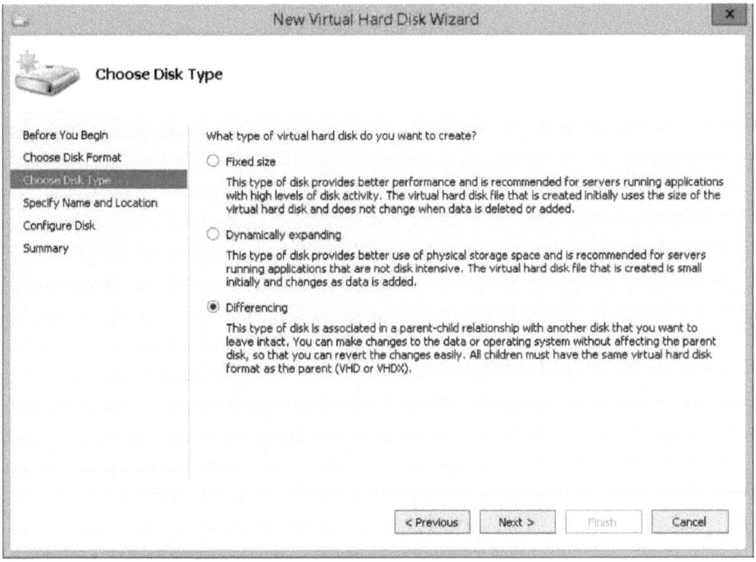

Abbildung 11: Einbindung des Basisimages als Differencing

Die Auswahl *fixed size* würde bedeuten, dass bereits am Anfang die gesamte Speicherkapazität, welche für die Partition definiert wurde, belegt wird. Bei *Dynamically expanding* wird die definierte Speicherkapazität in Schritten erreicht, sodass nur das belegt wird, was wirklich genutzt wird.

4.2 AD Installation und Konfiguration

Um Computernamen, Benutzer und Gruppen und deren Berechtigungen in der Domäne zu verwalten sowie den domänenintegrierten Fileservice zu installieren, muss ein Domain Controller installiert werden[65]. Die Installation der Active Directory-Rolle geschieht mittels Hinzufügen von *Active Directory*

[65] Boddenberg, 2014, S. 299 - 309

Domain Services im Server Manager[66] und dem Befolgen des Installationsassistenten. Nach der Installation der AD-Rolle, muss das AD konfiguriert und eine neue Domäne erstellt werden. Hierfür hat Microsoft ebenfalls einen Assistenten vorgesehen. Als Domäne wird, wie im Architekturbild in Abbildung 9 ersichtlich ist, *fs.eng.test* festgelegt.

Bei der Installation der AD-Rolle wird der DNS ebenfalls installiert. Dieser ist für das Auflösen von Computername in IP-Adresse und umgekehrt zuständig und ermöglicht somit das Ansprechen der virtuellen Maschinen über den Computernamen. Die virtuellen Maschinen werden in die Domäne *fs.eng.test* aufgenommen und sind ab diesem Zeitpunkt im AD unter *Computers* gelistet. Des Weiteren werden die Computer, die in das AD integriert wurden, im DNS geführt. Damit der DNS die Computernamen zur IP Adresse zuordnen und auflösen kann, wird eine *forward lookupzone*[67] eingerichtet. Darin werden Informationen Computername zu IP-Adresse gespeichert. Die Auflösung von IP-Adressen in Computernamen übernimmt die *reverse lookupzone*[68]. Allgemein stellt eine Zone die autorisierte Stelle dar, die Informationen zu jedem DNS-Domänennamen enthält, welcher sich innerhalb der jeweiligen Zone befindet.

4.3 Windows Fileservice Installation und Konfiguration

Microsoft bietet mit Windows die Möglichkeit den Fileservice klassisch mit einfachen Verzeichnissen und Freigaben zu erstellen und diese mit entsprechenden NTFS- und Freigaben-Berechtigungen[69] zu versehen. Eine bessere Lösung hingegen ist, den Fileservice mit der integrierten Rolle *Distributed File System* zu implementieren. Für den Benutzer wird ein einheitlicher Namensraum (DSF-Namespace) erstellt, über den er auf seine Freigaben zugreifen kann. Zusätzlich werden damit die einzelnen Servernamen maskiert.

---

[66] Microsoft, Server-Manager, 2008
[67] Microsoft, Verwalten einer Forward-Lookupzone, 2008
[68] Microsoft, Erstellen einer Reverse-Lookupzone, 2008
[69] Microsoft, Freigabe- und NTFS-Berechtigungen auf einem Dateiserver, 2014

Des Weiteren ist es mit DFS-Replication möglich, die Daten auf zwei oder mehr Server synchron zu halten. Die Installation der DFS-Rolle findet über den Server-Manager statt. Dabei werden DFS-Namespace und DFS-Replication separat installiert.

4.3.1 Installation und Konfiguration von DFS-N

Die Installation von DFS-Namespace wird ebenfalls als Rolle im Server-Manager hinzugefügt und installiert. Abhängigkeiten zu anderen Werkzeugen, wie z. B. *DFS Management Tools*[70] oder Rollen wie z. B. *File Server* werden vor der Installation durch den Installationsassistenten überprüft und anschließend in die Installation inkludiert. Um einen einheitlichen Namespace gewährleisten zu können, muss dieser konfiguriert werden. Der Namespace setzt sich dabei aus dem Domänen-Namen, welcher für die Domäne stets statisch ist sowie der Bezeichnung der Verwendung zusammen. Bevor mit der Konfiguration gestartet werden kann, muss sichergestellt werden, dass sich der virtuelle Server in der Domäne befindet, da ansonsten keine Implementierung eines Domain-based-DFS möglich ist.

Wenn die DFS-N-Rolle installiert wurde, muss ein Namespace festgelegt und ein Server ausgewählt werden, welcher den Namespace beherbergt. Wie in Abbildung 12 ersichtlich ist, lautet der übergeordnete Namespace für die Entwicklungsumgebung *fs.eng.test*, gefolgt vom Verwendungszweck, wie z. B. Home für Homeshares und somit *\\fs.eng.test\Home*.

---

70 Microsoft, DFS-Verwaltung, 2014

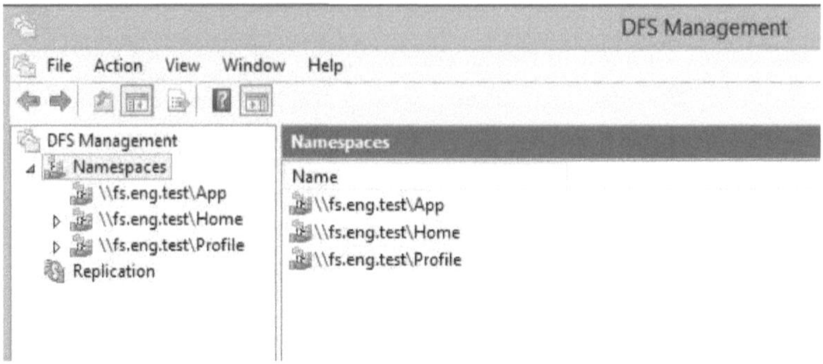

Abbildung 12: Übersicht Namespaces

Nachdem der übergeordnete DFS-Namespace konfiguriert wurde, muss mit der Installation und Konfiguration der DFS-Replication fortgefahren werden. Die endgültige Konfiguration von DFS-Namespace ist erst dann abgeschlossen, wenn die DFS-Replication eingerichtet und der replizierte Ordner im DFS-Namespace bekannt gemacht wurde.

4.3.2 Installation und Konfiguration von DFS-R

Ebenfalls über den Server-Manager wird die Rolle *DFS-Replication* installiert. Dabei sind die Abhängigkeiten zu anderen Werkzeugen dieselben wie bei DFS-N. Um die freigegebenen Ordner synchron zu halten, wird eine Replication Group eingerichtet. Die Namensgestaltung ist dabei frei wählbar, sollte jedoch zur einfacheren Administration wie der freigegebene Ordner lauten. Bei der Einrichtung der Replication Group muss der Administrator entscheiden, welche Topologie die Replication Group aufweisen soll. Dabei wird zwischen *hub and spoke*[71], *full mesh*[72] oder *no topology*[73] unterschieden. Bei der *hub and spoke* Topologie sind mindestens drei DFS-R Server notwendig, damit diese auswählbar ist. Mit dieser Topologie werden die Daten von ei-

[71] Boddenberg, 2014, S. 845 - 850
[72] Boddenberg, 2014, S. 845 - 850
[73] Boddenberg, 2014, S. 845 - 850

nem zentralen Server (hub) auf die anderen, in der Replication Group befindlichen Server (spoke) repliziert. Wenn eine jeder-mit-jedem Replikation gewünscht ist, so ist die *full mesh* Topologie auszuwählen. Allerdings empfiehlt Microsoft diese nur bis zu einer Obergrenze von 10 Server zu verwenden[74]. Die Option *no topology* bedeutet, dass der Administrator die Topologie im Nachgang festlegen muss.

Während der Installation müssen die Server ausgewählt werden, die der Replication Group zugeordnet werden sollen sowie den freigegebenen Ordner enthalten. Aus diesen Servern wird schließlich der primäre Server ausgewählt, von dem aus die Replikation der Daten gestartet werden soll. Außerdem wird die Bandbreite festgelegt, die für die Replikation verwendet werden soll. Dies ermöglicht eine Art von Quality of Server (QoS)[75] und soll sicherstellen, dass die Bandbreite nicht ausschließlich für den einen Dienst verwendet wird.

Wenn die Einrichtung der Replication Group abgeschlossen ist, muss diese im DFS-Namespace bekannt gemacht werden. Mit der Option *Share and Publish in Namespace* sowie der Auswahl unter welchem Verwendungszweck (*parent folder*), wird der replizierte Ordner im DFS-Namespace bekannt gemacht und unter dem übergeordneten Namespace geführt. Damit ist die Replication Group eingerichtet, diese ist im DFS-Namespace bekannt und der freigegebene Ordner wird repliziert. Abbildung 13 zeigt, wie DFS nach erfolgreicher Konfiguration aussieht.

[74] Boddenberg, 2014, S. 845 - 850
[75] ITWissen, QoS - quality of service – Dienstgüte, 2014

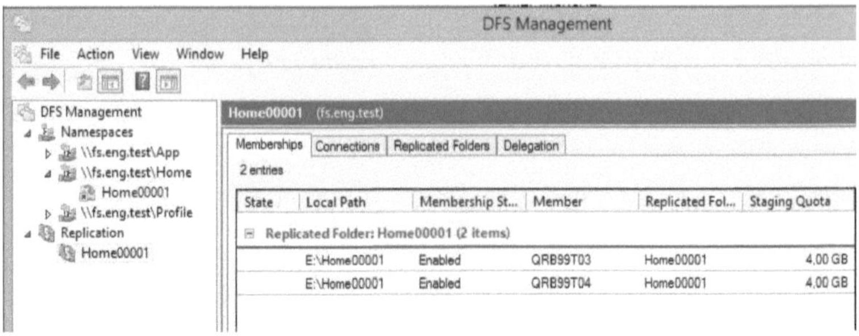

Abbildung 13: DFS Überblick nach Abschluss der Konfiguration

Damit die DFS-Replication ordnungsgemäß funktioniert und keine Probleme während der Replikation auftreten, sollte die Größe des *Staging Quota*s entsprechend eingestellt werden. Das Staging dient als Cache[76] für die noch zu replizierenden Dateien. Wird das Staging zu klein gewählt, dann kann es passieren, dass die gesamte Replikation nicht mehr funktionsfähig ist und die beiden Ordnerinhalte somit nicht mehr synchron sind. Der Standardwert ist auf 4 GB eingestellt, was für die Entwicklungsumgebung zunächst ausreichend ist. Für Produktionsumgebungen ist der Wert entsprechend auszurechnen und zu konfigurieren[77].

4.3.3 Abschließende Fileservice Konfiguration

Damit jeder Benutzer nur sein eigenes Homeshare sieht, wird ABE[78] im Namespace im DFS Management aktiviert und setzt dies zugleich für die jeweilige Freigabe. ABE blendet alle Homeshares aus, auf die der Benutzer keinen Zugriff hat, was die Sicherheit erhöht. Dies hat den weiteren Vorteil, dass sich mehrere Homeshares unter einer darüber liegenden Freigabe befinden können und somit keine Vielzahl von Freigaben erstellt werden muss, was zur leichteren Administration beiträgt. Zahlreiche Kunden möchten eine

[76] ITWissen, Cache, 2014
[77] Pyle, 2011
[78] Microsoft, Access-based Enumeration, 2009

Beschränkung des Speicherplatzes für das Homeshare, damit ihre Benutzer behutsam mit den Ressourcen umgehen sowie nicht den gesamten Speicherplatz für sich beanspruchen. Dazu wird ein *hard quota*[79] auf dem Homeshare gesetzt. Im *File Server Resource Manager*[80] werden dazu verschiedene Templates erstellt. Für die Entwicklungsumgebung werden Quotas mit 1 GB, 4 GB und 5 GB erstellt. Diese Templates werden dann je nach Bedarf auf die unterschiedlichen Freigaben entsprechend angewandt. Als Standard wird zunächst das 1 GB Quota verwendet und so eingestellt, dass jedes weitere Homeshare unter der Freigabe automatisch mit einer 1 GB Quota versehen wird. Abbildung 14 zeigt das automatisch gesetzte 1 GB hard quota für mehrere Homeshares inkl. ggf. vorhandenem Füllstand.

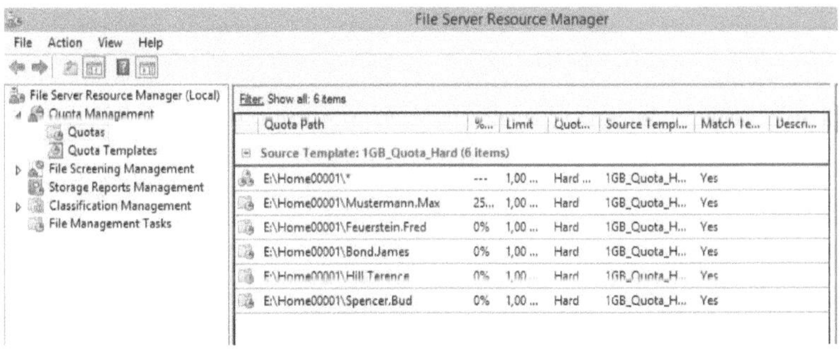

Abbildung 14: Automatisch gesetztes 1 GB hard Quota

4.4 Installation und Konfiguration eines virtuellen Clients

Um die Funktionsfähigkeit der Entwicklungsumgebung bzw. des Dienstes Fileservice zu testen, wird ein virtueller Client mit dem Betriebssystem Windows 8.1 verwendet. Der virtuelle Client wird adaptiv zur Installation des Servers installiert. Nach Erstellung der virtuellen Maschine wird auch hier die Installation des Client Betriebssystems durchgeführt sowie auf den aktuellsten Stand gebracht und mit einer Antivirus Software versehen. Abschließend

[79] Microsoft, Working with Quotas, 2009
[80] Boddenberg, 2014, S. 814 - 821

wird auch vom virtuellen Client ein Basisimage erstellt. Nach Fertigstellung des Basisimages und Konfiguration des Netzwerks muss der virtuelle Client in die Domäne aufgenommen werden. Dies ist notwendig, damit eine Kommunikation mit den anderen virtuellen Maschinen stattfindet und der Dienst Fileservice genutzt und getestet werden kann.

4.5 Funktionstest der Entwicklungsumgebung

Als Funktionstest der Entwicklungsumgebung wird getestet, ob die virtuellen Maschinen untereinander erreichbar sind und ob eine Verbindung mit dem Hostserver aufgebaut werden kann. Des Weiteren ist zu prüfen, ob die virtuellen Maschinen mittels Computernamen erreichbar sind. Für diese Testfälle kommen die bekannten Werkzeuge *ping* und *nslookup* zum Einsatz. Im nächsten Test wird überprüft, ob der Fileservice bzw. DFS funktioniert. Dazu wird der virtuelle Client mit einem Testbenutzer verwendet. Dem Testbenutzer wird sein Homeshare im Active Directory in das Attribut *Home folder* eingetragen und mit einem Laufwerksbuchstaben, z. B. *H:* versehen. Damit wird das Homeshare beim Anmelden des Benutzers am Client automatisch verbunden und ist unter Arbeitsplatz im Explorer mit seinem verfügbaren Speicherplatz ersichtlich. Wird nach Anmeldung des Benutzers am Client das Homeshare automatisch verbunden und die verfügbare Speicherkapazität, welche durch das Quota limitiert wurde, angezeigt, so ist dieser Test erfolgreich. Anschließend wird überprüft, ob der Benutzer weitere Homeshares, als das Eigene sieht. Dazu wird in der Adresszeile im Arbeitsplatz der Namespace mit Verwendungszweck eingegeben, z. B. *\\fs.eng.test\Home.* Wenn der Benutzer nur sein eigenes Homeshare sieht, so ist der Benutzer auf keinem weiteren Homeshare berechtigt und ABE funktioniert. Abbildung 15 zeigt, wie dies am Client bei richtiger Konfiguration aussieht.

Abbildung 15: ABE Funktionstest am Client

Abbildung 16 zeigt zum Vergleich, was der Administrator am Server sieht.

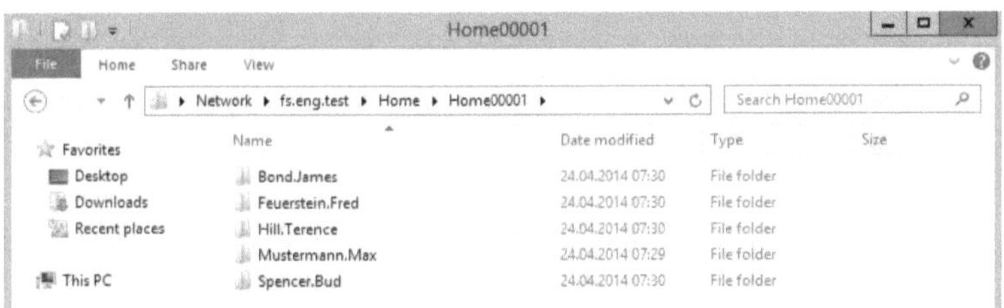

Abbildung 16: Administratorsicht auf dem Server

Weiterhin wird geprüft, ob der Benutzer die entsprechenden Rechte auf sein Homeshare hat und darin Dateien speichern kann. Nach erfolgreichem Schreibvorgang werden größere Dateien im Homeshare gespeichert, bis das Quota erreicht wird. Wenn das Quota erreicht wird, der Benutzer keine weiteren Dateien mehr in seinem Homeshare speichern kann und Windows eine Meldung bezüglich zu geringem Speicherplatz ausgibt, so ist dieser Test erfolgreich. Abschließend ist noch festzustellen ob die Dateien im Homeshare vom primären Server zum sekundären Server repliziert worden sind. Ein denkbarer Weg wäre, wenn sich der Administrator auf dem sekundären DFS-R Server anmeldet und in dem Homeshare des Testbenutzers nachsieht. Alternativ kann der Administrator auch über die command line mittels einem dir-Befehl den Inhalt des Homeshares des Benutzers auslesen. Sind die Homeshares auf beiden Servern gleich, so ist der Test erfolgreich abgeschlossen, andernfalls müssen die Fehler untersucht werden.

4.6 Abschließende Arbeiten

Zu den abschließenden Arbeiten gehört das Erstellen von Snapshots für jede virtuelle Maschine. Dies ist deshalb notwendig, damit im Falle einer misslungenen Konfiguration der zuletzt gesicherte Stand mit wenig Zeitaufwand wiederhergestellt werden kann. Damit bleibt die virtuelle Maschine samt der Basiskonfiguration, wie Netzwerk, Computername und Serverrolle bestehen und die erweiterte Konfiguration kann erneut durchgeführt werden, ohne die virtuelle Maschine erneut neu installieren zu müssen. Damit ist die Installation und Konfiguration der Entwicklungsumgebung abgeschlossen. Ab diesem Zeitpunkt kann sie für Engineering- und Testzwecke verwendet werden.

4.7 Lessons Learned

Bei der Konfiguration des Hostservers, speziell beim Erstellen des RAIDs, sollte unbedingt eine Hot-Spare Festplatte eingerichtet werden. Auch wenn ein RAID 5 ausgewählt und konfiguriert wurde, sollte auf eine zusätzliche Hot-Spare Festplatte nicht verzichtet werden. Denn nach Ausfall einer im RAID befindlichen Festplatte und während des Wiederherstellungsprozesses darf keine weitere Festplatte ausfallen, da ansonsten das gesamte System ausfällt und die Daten ggf. verloren sind.

Nachdem der Hostserver vollständig installiert und konfiguriert sowie Hyper-V eingerichtet wurde, sollte die Netzwerkkonfiguration überprüft werden. Dabei kann es vorkommen, dass nach Installation von Hyper-V, der *Hyper-V-Switch*[81] von Windows nicht richtig konfiguriert wurde. Das bedeutet, dass die Kommunikation zwischen Hostserver und Hyper-V zwar funktioniert, aber über Remotedesktop kann nicht auf die jeweilige virtuelle Maschine zugegriffen werden. Des Weiteren ist es möglich, dass die virtuellen Maschinen mit dem Hostserver und untereinander nicht kommunizieren können. Eine Lösung hierfür ist, den *Hyper-V-Switch* manuell richtig zu konfigurieren. Nach-

[81] Microsoft, Hyper-V-Switch (Übersicht), 2013

dem die virtuellen Maschinen mit dem Basisimage erstellt und konfiguriert wurden, sollte noch vor der Konfiguration des Dienstes ein Snapshot erstellt werden. Ein weiterer Snapshot ist nach erfolgreicher Installation und Konfiguration des jeweiligen Dienstes zu erstellen. Mit diesem Vorgehen ist es möglich, Fehlkonfigurationen zu vermeiden und den Ursprungszustand mit geringem Aufwand wiederherzustellen.

5 Fazit

Zusammenfassend lässt sich feststellen, dass eine mit Hyper-V virtualisierte Entwicklungsumgebung auf Basis von Windows Server 2012 R2 und einem Basisimage, das Entwickeln und Testen von neuen Lösungen für den Kunden sowie neuen Produkten erheblich erleichtert. Dabei ist mittels der Snapshot-Funktionalität die Wiederherstellung des Ursprungszustandes jederzeit möglich. Die Entwicklungsumgebung kann nicht nur zum Entwickeln und Testen von neuen Lösungen verwendet werden, sondern auch um sein Know-how zu erweitern. Dazu können neue Produkte von anderen Herstellern, neue Betriebssysteme und deren Funktionen sowie weitere Möglichkeiten einer Lösungsfindung untersucht werden. Damit lässt sich mit der Virtualisierung viel Geld einsparen und die Ressourcen effizienter nutzen. Im Falle der Notwendigkeit zur Erweiterung der Entwicklungsumgebung können zusätzliche virtuelle Maschinen erstellt oder mehr Ressourcen den bereits vorhandenen hinzugefügt werden. Durch die Verwendung von Hyper-V werden sogar Lizenzkosten für Virtualisierungssoftware eingespart.

5.1 Kritische Würdigung

Die beschriebene Entwicklungsumgebung samt dem Basisimage ist hauptsächlich für den Dienst Fileservice erstellt worden. Wird eine Entwicklungsumgebung für andere Dienste und Services benötigt, müssen die Fileservice Rollen ggf. deinstalliert oder weitere virtuelle Maschinen erstellt, installiert und konfiguriert werden, um keine unnötigen Dienste und Störfaktoren beim Testen von neuen Diensten zu haben. Des Weiteren ist das erstellte Basisimage nur dann zeitsparend, wenn nicht zu viele neue Updates anstehen. Deshalb ist es empfehlenswert, nach einer bestimmten Zeit von z. B. drei bis sechs Monaten, ein neues Basisimage samt neuer, frischer Installation mit Antivirussoftware und allen Updates zu erstellen, um mehr Zeit bei neuen Installationen zu sparen. Alternativ kann der Schreibschutz des Basisimages entfernt, das Basisimage eingebunden und die anstehenden Updates installiert werden, sodass das Basisimage aktualisiert weiterverwendet werden kann. Davor ist sicherzustellen, dass das Basisimage von keiner anderen virtuellen Maschine verwendet wird, da es ansonsten zu Fehlern kommt. Des Weiteren ist zu prüfen, ob die Systempartition des Basisimages noch über ausreichend freien Speicherplatz verfügt. Sollte dies nicht der Fall sein, so muss die Systempartition des Basisimages vergrößert werden.

5.2 Ausblick

Die Entwicklungsumgebung kann für weiterführende Tests um weitere Versionen des Server- sowie Clientbetriebssystems samt Basisimage erweitert werden. Zudem ist es möglich, für die Einrichtung der DFS Struktur, Skripte zu erstellen, um die Erstellung möglichst automatisiert und beschleunigt durchzuführen. Da es sich um eine Entwicklungsumgebung handelt und diese nur dem Team Fileservice Engineering zur Verfügung steht, ist kein Backup eingerichtet. Das heißt, dass bei einem Ausfall des Servers sowie mehr als zwei Festplatten zu einem Datenverlust kommen kann. Aus Sicherheitsgründen sollte ein Backup eingerichtet werden, um im Falle eines Ausfalls einen Datenverlust zu vermeiden. Außerdem ist zu berücksichtigen, dass weitere Updates, die nach Erstellung des Basisimages veröffentlicht werden, separat auf jeder virtuellen Maschine zu installieren sind. Aus diesem Grund ist auch die Aktualität des Basisimages ständig sicherzustellen, um den Vorteil Zeitersparnis beim Erstellen neuer virtueller Maschinen weiterhin nutzen zu können.

Literaturverzeichnis

AMD. *Virtualisierung - AMD für Unternehmen.* 2014. http://www.amd.com/de-de/solutions/servers/virtualization (Zugriff am 14. Juni 2014).

Becker, Dirk. „OpenVPN - Das Praxisbuch." S. 18 - 21. Bonn: Galileo Press, 2011.

Boddenberg, Ulrich B. „Windows Server 2012 R2." S. 299 - 309, 713 - 729, 729 - 756, 814 - 821, 845 - 850, 1250 - 1274, 1274 - 1287. Bonn: Galileo Press, 2014.

Computerbild. „Wissen: Alles über die Windows-Registrierungs-Datenbank." *Computerbild.* 06. April 2009. http://www.computerbild.de/artikel/cb-Ratgeber-Windows-So-funktioniert-die-Registry-4218690.html (Zugriff am 17. April 2014).

Dembowski, Klaus. „BIOS und Troubleshooting." S. 81 - 89. München: Markt + Technik Verlag, 2004.

Deutsche Telekom AG. *Computerwoche.* 2014. http://www.computerwoche.de/fileserver/idgwpcw/files/1847.pdf (Zugriff am 11. April 2014).

Elektronik Kompendium. *Firewall.* 2014. https://www.elektronik-kompendium.de/sites/net/0803051.htm (Zugriff am 17. April 2014).

—. *LDAP - Lightweight Directory Access Protocol.* 2014. https://www.elektronik-kompendium.de/sites/net/0905021.htm (Zugriff am 20. April 2014).

—. *SAS - Serial Attached SCSI.* 2014. https://www.elektronik-kompendium.de/sites/com/1105071.htm (Zugriff am 10. Mai 2014).

Intel. *Überblick über die Intel Virtualisierungstechnik.* 2014. http://www.intel.de/content/www/de/de/virtualization/virtualization-technology-capabilities-detail.html?wapkw=intel+virtualisierungstechnik (Zugriff am 22. April 2014).

it-administrator. *Hochverfügbarkeit.* 2011. http://www.it-administrator.de/themen/server_client/grundlagen/98988.html (Zugriff am 06. Mai 2014).

ITWissen. *Cache.* 2014. http://www.itwissen.info/definition/lexikon/cache-Cache.html (Zugriff am 15. April 2014).

—. *Domäne.* 2014. http://www.itwissen.info/definition/lexikon/Domaene-domain.html (Zugriff am 05. Mai 2014).

—. *Host.* 2014. http://www.itwissen.info/definition/lexikon/Host-host.html (Zugriff am 28. April 2014).

—. *QoS - quality of service - Dienstgüte.* 2014. http://www.itwissen.info/definition/lexikon/quality-of-service-QoS-Dienstguete.html (Zugriff am 21. April 2014).

—. *Speichersystem.* 2014. http://www.itwissen.info/definition/lexikon/Speichersystem-storage-system.html (Zugriff am 11. Mai 2014).

—. *Virtualisierung.* 2014. http://www.itwissen.info/definition/lexikon/Virtualisierung-VT-virtualization-technology.html (Zugriff am 22. April 2014).

Kaczenski, Nils, Marc Grote, Nicholas Dille, und Jan Kappen. „Microsoft Hyper-V und System Center: Das Handbuch für Administratoren." S. 537 - 548. Bonn: Galileo Press, 2013.

Kersken, Sascha. „IT-Handbuch für Fachinformatiker." S. 226 - 254, 286 - 287, 1106 - 1119. Bonn: Galileo Press, 2013.

Kuppinger, Martin. *Die Funktionsweise von Kerberos.* 2007. http://www.tecchannel.de/server/windows/461645/die_funktionsweise_von_kerberos/ (Zugriff am 30. April 2014).

Liu, Cricket, und Paul Albitz. „DNS and BIND." S. 4 - 9. Sebastopol, CA: O'Reilly Media, 2006.

Lubkowitz, Mark. *Alles über Proxy-Server.* 2013. http://www.com-magazin.de/praxis/internet/proxy-server-214145.html (Zugriff am 18. April 2014).

McClean, Martin. *Creating an install image with SysPrep in Windows Server 2012.* 2012. http://technet.microsoft.com/en-us/video/creating-an-install-image-with-sysprep-in-windows-server-2012.aspx (Zugriff am 18. April 2014).

Microsoft. *Access-based Enumeration.* 2009. http://technet.microsoft.com/de-de/library/dd919212%28v=ws.10%29.aspx (Zugriff am 11. April 2014).

—. *DFS-Verwaltung.* 2014. http://technet.microsoft.com/de-de/library/cc732006.aspx (Zugriff am 12. Mai 2014).

—. *Erhalten von Hilfe zur Meldung "Es besteht ein IP-Adressenkonflikt".* 2014. http://windows.microsoft.com/de-de/windows/get-help-ip-address-conflict#1TC=windows-7 (Zugriff am 12. April 2014).

—. *Erstellen einer Reverse-Lookupzone.* 2008. http://technet.microsoft.com/de-de/library/cc816876%28v=ws.10%29.aspx (Zugriff am 13. April 2014).

—. *File Server Resource Manager.* 2008. http://technet.microsoft.com/en-us/library/cc732431.aspx (Zugriff am 13. Mai 2014).

—. *Freigabe- und NTFS-Berechtigungen auf einem Dateiserver.* 2014. http://technet.microsoft.com/de-de/library/cc754178.aspx (Zugriff am 14. April 2014).

—. *Hyper-V Architecture.* 2014. http://msdn.microsoft.com/en-us/library/cc768520%28v=bts.10%29.aspx (Zugriff am 21. Mai 2014).

—. *Hyper-V: Übersicht.* 2013. http://technet.microsoft.com/de-de/library/hh831531.aspx (Zugriff am 14. April 2014).

—. *Hyper-V-Switch (Übersicht).* 2013. http://technet.microsoft.com/de-de/library/hh831823.aspx (Zugriff am 28. Mai 2014).

—. *Installieren eines Gastbetriebssystems.* 2014. http://technet.microsoft.com/de-de/library/cc742460.aspx (Zugriff am 21. Mai 2014).

—. *Replication topologies.* 2009. http://technet.microsoft.com/en-us/library/cc757769%28v=WS.10%29.aspx (Zugriff am 14. April 2014).

—. *Server-Manager.* 2008. http://technet.microsoft.com/de-de/library/cc732131%28v=ws.10%29.aspx (Zugriff am 13. April 2014).

—. *Verwalten einer Forward-Lookupzone.* 2008. http://technet.microsoft.com/de-de/library/cc816891%28v=ws.10%29.aspx (Zugriff am 13. April 2014).

—. *Windows Internet Name Service (WINS) (Übersicht).* 2014. http://technet.microsoft.com/de-de/library/cc725802.aspx (Zugriff am 16. April 2014).

—. *Working with Quotas.* 2009. http://technet.microsoft.com/en-us/library/dd758768%28v=ws.10%29.aspx (Zugriff am 16. April 2014).

Mitchell, Bradley. *What is a Default Network Gateway?* 2014. http://compnetworking.about.com/od/internetaccessbestuses/f/default_gateway.htm (Zugriff am 18. April 2014).

Nickles. *Active Directory Konzepte verstehen - Was ist ein Verzeichnis?* 2014. http://www.nickles.de/c/s/active-directory-konzepte-verstehen-81-1.htm (Zugriff am 21. Mai 2014).

outlook-stuff. *Das Outlook Adressbuch und die Kontaktablage.* 2014. http://www.outlook-stuff.com/tipps-tricks/outlook/626-das-outlook-adressbuch-und-die-kontaktablage.html?showall=&start=1 (Zugriff am 14. Juni 2014).

PC-Magazin. *Virtuelle Maschinen unter Windows 8 - PC-Magazin.* 2013. http://www.pc-magazin.de/ratgeber/virtuelle-maschinen-unter-windows-8-1485940.html (Zugriff am 21. Mai 2014).

Pyle, Ned. *How to Determine the Minimum Staging Area DFSR Needs for a Replicated Folder.* 2011. http://blogs.technet.com/b/askds/archive/2011/07/13/how-to-determine-the-minimum-staging-area-dfsr-needs-for-a-replicated-folder.aspx (Zugriff am 19. April 2014).

Siepermann, Dr. Markus. *Definition Service Level Agreement.* 2014. http://wirtschaftslexikon.gabler.de/Definition/service-level-agreement.html (Zugriff am 19. April 2014).

Stanek, William R. „Micorosft Exchange Server 2010." S. 39 - 41. Unterschleißheim: Microsoft Press, 2010.

Timm, Vollmer. „Der Einstieg in die Cloud: Ein Blick auf die Technik und die juristischen Grundlagen des Cloud Computings." S. 20 - 21. Hamburg: disserta, 2013.

Torres, Gabriel. *Everything you need to know about the Intel Virtualization Technology.* 2012. http://www.hardwaresecrets.com/article/Everything-You-Need-to-Know-About-the-Intel-Virtualization-Technology/263 (Zugriff am 19. April 2014).

Troppens, Ulf, Rainer Erkens, und Wolfgang Müller. „Speichernetze - Grundlagen und Einsatz von Fibre Channel, SAN, NAS, iSCSI und InfiniBand." S. 25 - 42, 96 - 114, 144 - 149, 165 - 171. Heidelberg: dpunkt.verlag, 2008.

Vogel, Robert, Tarkan Kocoglu, und Thomas Berger. „Desktopvirtualisierung - Definitionen - Architekturen - Business-Nutzen." S. 19 - 23. Wiesbaden: Vieweg + Teubner Verlag, 2010.

Wendzel, Steffen, und Johannes Plötner. „Einstieg in Linux - Linux verstehen und einsetzen." S. 23 - 27. Bonn: Galileo Press, 2012.

Wirtschaftswoche. *Cyber-Krieg: Die größten Hacker-Angriffe.* 2014. http://www.wiwo.de/technologie/digitale-welt/cyber-krieg-die-groessten-hacker-angriffe-aller-zeiten/7814454.html (Zugriff am 20. April 2014).

Zisler, Harald. „Computer-Netzwerke: Grundlagen, Funktionsweise, Anwendung." S. 157 - 159, 159 - 161, 170 - 173, 299 - 300, 329 - 335. Bonn: Galileo Press, 2013.